中國文字之起源及變遷

吴貫因◎著

山西出版傳媒集團
山西人民出版社

圖書在版編目(CIP)數據

中國文字之起源及變遷 / 吴貫因著. —太原: 山西人民出版社, 2014.12(2024.2重印)
(近代名家散佚學術著作叢刊 / 許嘉璐主編)
ISBN 978-7-203-08851-6

Ⅰ. ①中… Ⅱ. ①吴… Ⅲ. ①漢字—文字學—研究 Ⅳ. ①H12

中國版本圖書館CIP數據核字(2014)第289774號

中國文字之起源及變遷

主　　編　許嘉璐
著　　者　吴貫因
責任編輯　梁晋華
助理編輯　張　潔

出 版 者　山西出版傳媒集團·山西人民出版社
地　　址　太原市建設南路21號
郵　　編　030012
發行營銷　0351-4922220　4955996　4956039　4922127(傳真)
天猫官網　https://sxrmcbs.tmall.com　電話　0351-4922159
E-mail　sxskcb@163.com　發行部
　　　　sxskcb@126.com　總編室
網　　址　www.sxskcb.com

經 銷 者　山西出版傳媒集團·山西人民出版社
承 印 廠　山西出版傳媒集團·山西新華印業有限公司

開　　本　700mm×970mm　1/16
印　　張　5.5
字　　數　49千字
版　　次　2014年12月　第一版
印　　次　2024年2月　第二次印刷
書　　號　ISBN 978-7-203-08851-6
定　　價　28.00圓

《近代名家散佚學術著作叢刊》編委會

出版説明

近代名家散佚學術著作叢刊選取一九四九年以後未再刊行之近代名家學術著作共一百二十册，編例如次：

一、本叢書遴選之著作在相關學術領域具有一定的代表性，在學術研究方向、方法上獨具特色。

二、爲避免重新排印時出錯，本叢書原本原貌影印出版。影印之底本皆經專家組審定，原書字體大小，排版格式均未做大的改變，原書之序言、附注皆予保留。

三、本叢書分爲八大類，以作者生卒年編次。

四、爲使叢書體例一致，本叢書前言後記均采用繁體字排版。

五、個别頁碼較少的版本，爲方便裝幀和閲讀，進行了合訂。

六、少數學術著作原書内容有個别破損之處，編者以不改變版本内容爲前提，部分進行修補，難以修復之處保留缺損原狀。

七、原版書中個别錯訛之處，皆照原樣影印，未做修改。

八、所選版本之抽印本頁碼標注，起始至所終頁碼均照原樣影印，未重新編排標注新頁碼。

由於叢書規模較大，不足之處，殷切期待方家指正。

總序／

披沙瀝金，以爲鏡鑒

◇許嘉璐

多年來有一個問題始終在我腦中盤桓：爲什麽在十九世紀末到二十世紀初，在短短的幾十年裏，中國的各個學術領域竟涌現了那麽多大師級的人物？這是中國近代史上一個極爲重要的現象，我認爲，如果不能給出令人滿意的答案，我們撰寫的近代學術史將是不完整的，甚至是缺乏靈魂的。後來我知道，著名人類學家克羅伯曾提出過一個問題：爲什麽天才成群地來？看來這種現象的出現並非中國所獨有，思考其所以然的也大有人在。而在那一次世紀之交中國的情況，似乎應驗了「天才成群地來」這個令克氏久久不解的疑問。錢學森先生曾從相反的方向提出了相同的疑問：爲什麽我們這個時代出現不了杰出人才？後來人們稱這個問題爲「錢學森之謎」。

要回答這些疑問不是件容易的事。與其迅速地囫圇地探尋，不如先多了解那些讓中國近代學術（應該包括人文科學和自然科學）史上閃耀着光輝的大師們的作品和自述，從而在腦海里盡量「復原」他們所處的環境和在那種環境下的心理路徑，從中或許可以得到一些啓示。

有一點是顯然的，這就是他們雖然都已遠離塵世而去，但是他們獨立思考的品性、求知治學的真誠、困厄窮愁中對節操的堅守，恐怕是他們共同的主觀因素，一直影響到現在，而且將會永遠留存下去。

就思想界、學術界而言，二十世紀上半葉是一個新説和舊説碰撞，中學和西學融匯的大時代。那時的學人極爲重視言行操守，同時具備現代知識分子的理想信念；他們的學術研究十分純净，絶少功利因素；他們

的視界開闊，以包容的心態和嚴謹的風格造就了成果的大氣與厚重。至於在客觀因素一面，他們實際是在用工業化時代的事實解説着太史公所説的名山之作「大抵聖賢發憤之所爲作」，困厄苦難使得他們「皆意有所鬱結」。這種鬱結，幾乎和個人的名利毫無牽涉，他們永遠不能釋懷的，是民族的存亡、國運的興衰、民衆的福禍和文脈的續斷。

那個時代也是近代歷史上最大規模的中西古今學術調適、創新的時期，學術方法上的交互滲透和融合、創新亦可謂「於斯爲盛」。斯時之學人是要在封閉的屋墻上鑿出窗子的勇士，是使人能夠看看外部世界的第一批導夫先路者；或者可以説，他們是在「意有所鬱結」時「彷徨」和「吶喊」的「狂人」。

相對於那時的哲人們，後來者是幸運兒。現在的形勢是，近三十年來學界空前繁榮，衆多學科有了長足之進，其中很重要的一點是學界有了更新穎、更廣闊的國際視野，似乎接續上了百年前的學壇盛事。但細想想，「古」與「今」還是有差別的。其异，主要不在於世界情勢、學術進展、工具改善這些客觀存在，而在於在廣泛吸收各國優長的同時，自身文化的主體性越來越受到重視，換言之，「拿來主義」已經延長了「拿來」的程序，加上了試用、甄別、篩選、吸收、融合、成長。就我孤陋所見，在當今地球上，面向所有異質文明，努力汲取我之所缺，其範圍之大和心態之切，似乎無出中國之右者。從這個角度説，我們已經超越了前輩。但是事情還有另外一面，學術，特別是人文學科，其職業化、「沙龍化」和功利性，以及隨之而來的浮躁病却嚴重了。從這個角度説，是不是我們已經後退得夠可以的了？而這是不是我們這個時代出不了大師的原因之一呢？

民國學術界的特點之一是極爲注重對傳統的反省、批判與繼承。他們對傳統文化盡最大的努力進行整理

和研究。一方面，由於戰亂頻仍，民不聊生，學者們擔起了讓中華文化薪火相傳的歷史責任；另一方面，他們要通過對中國傳統文化的整理、挖掘來重振民族自信心。這一時期對傳統文化進行整理的全面而深入是前所未有的，舉凡文字學、語言學、經濟學、法學、哲學、政治制度、書法繪畫、金石學……規模之宏大，研究之精微，令人嘆爲觀止。

民國學術推動了現代學科體系的建立。在對傳統文化整理和研究的基礎上，吸收西方的文化思想和理念，推動和建立了中國現代學科體系。例如，在對語言文字和音韵學成果進行整理、研究的基礎上開始着手規範之，建立了國語學；深入研究書法、國畫，將其融入了現代美術學科；在廢除舊有學制後逐步建立起小、中、大學較完整的科目和學科體系。

民國學術也改變了傳統學術方式，建立了新的研究範式。以現代科學考古爲發端，科研的實踐和成果使中國知識界真正認識到在實驗、比較基礎上的邏輯分析對學術研究的重要，推進了中國學術的一大演變。至於我們常説的打破士大夫傳統、走出書齋到田野鄉村和市民中進行調查研究、結束了經學時代、以歷史眼光檢視儒學和諸子等等，都是確立新學術範式的努力。這一轉變，也標誌着中國學術界脱胎換骨，全面進入了現代，爲此後的學術發展奠定了堅實的基礎。當然，西方啓蒙運動以來，在「現代性」和「現代化」裏潛伏着的缺陷和謬誤也傳到了中國，這些不能不在前哲的著作裏留下痕迹。這並不奇怪。類似的情况，古往今來孰能免之？猶如今天的我們，誰敢自稱我之所見就是永恒的真理？在這個問題上兩個時代所異者，或許就在昔時大家創立新説或譯註西學著作，往往是懷着對學術和前哲的敬畏而爲之，故而常常誤不在我；當今則往往出於對學問和他人的輕蔑，或以所研究的對象爲謀己的工具，因而難辭主觀之咎吧。翻閲他們的心血之

作，這些復雜的狀況可以顯見，可以視之爲我們的一面鏡子。

滄海桑田，世事變幻，歷史的動盪和時代的遮蔽，使當年許多大師的一些極有價值的學術著作被棄於故紙堆中，不能不令人有遺珠之憾。爲此，山西人民出版社不惜以數年之艱辛，披沙瀝金，編輯出版這套近代名家散佚學術著作叢刊，凡一百二十册，計文學、史學、政治與法律、美學與文藝理論、民族風俗、宗教與哲學、經濟、語言文獻共八大類別。所選皆爲作者之純學術著作，無論是其見解、精神，抑或是其時代烙印，都是後輩學人可資借鑒的寶貴財富。他們出版這套叢書，意在讓世人不忘來程，知篳路藍縷之不易，爲民族文化的傳承再增薪木。

出版社的初衷，與我近年來所思所慮近似，故願略述淺見於書端，以與策劃者、編輯者和讀者共勉。

二〇一四年七月六日

改定於自安東回京途中

前言／二十世纪学术大厦散落的珍贵基石

◇李明君

二十世紀前期，注定是中國學術研究跨入現代科學發展風雲際會的時代，它基本上奠定了本世紀學術大廈的基礎。

進入二十一世紀後，當我們站在輝煌學術大廈的頂端，躊躇滿志地回眸近百年學術成果的時候，在大廈的上空，似乎迴旋着一種久已消逝的聲音；在大廈的背後，似乎散落着一些久已塵封的基石——它們，便是一些散佚的二十世紀前期的學術著作。這些在當時乃至後來都產生過重大影響的名家學術著作，一九四九年以後，基本上没有在大陸再版，因而逐漸沉没在忘卻的海洋裏。

七八十年之後，當我們拂去灰塵，重新審視這些散佚的學術著作時，才發現它們的價值是如此的珍貴，成果是如此的豐厚，研究是如此的深入，而傾注的情感又是那麼的深沉。重讀這些經典，仿佛是聆聽這些儒雅的學者給我們講述民國學術的蹉跎歲月，喚醒了我們久已淡忘的歷史記憶。

一、西學東漸與承前啓後

二十世紀前期，西風東漸，中西文化交流擴大，新知識、新觀念大量涌入我國。倡導科學精神與采用科學研究方法，不僅衝擊了中國原有的知識體系和思想觀念，更爲現代學術思想的更新和研究拓展了空間。

這一時期的學術研究集中地體現在繼承、清理傳統學術的「承續先哲將墜之業」和「開拓學術之區宇，

補前修所未逮」（陳寅恪王静安先生遺書·序）兩個方面。學者們既是傳統學術的繼承者，又是現代學術的開拓者。

二、清理拓荒與學術奠基

辛亥革命之後，社會文明進步，文化教育普及，學術研究也力求使高深的學問向普及的大衆化知識轉化。故而，其時以基礎的和通論性的著作爲多見。

例如，邵鳴九的國音沿革六講、胡以魯的國語學草創、羅常培的國音字母演進史、吴貫因的中國文字之起源及變遷以及王力的漢字改革等即屬此類。

而論點集中的專題性論著，如王力的南北朝詩人用韵考、王光祈的中國詩詞曲之輕重律、白滌洲關中入聲之變化等，則以其研究深入和範疇擴展而更有價值。

這些學人以杰出的膽略、識見、才華，以及對本學科知識的通體了解，破除成見，大膽創新，開創了二十世紀學術發展的新局面。

三、學出多門與新式教育

這些學者們知識豐厚，見解獨到，憑藉着傳統文化的根底和新鋭的西方現代學術觀念，意氣風發地縱横文壇，在多個領域都有建樹。

他們大多具備深厚的國學修養：如夏敬觀爲清光緒年舉人，工詩善詞，兼治經學。盧冀野是曲學大師吴梅的門生，錢玄同爲國學大師章太炎的弟子。

而新式的學校教育和出國留學則直接學習西方科學的理論和方法，爲中國的學術研究注入了新的活力。

本編的作者們大多留學於歐美東洋，有過親炙現代學術導師和受現代學術訓練的經歷。如沈兼士、胡以

魯、吴貫因等曾留學日本，王力留學法國，周傳儒有過英國劍橋、德國柏林大學的求學經歷，而王光祈則客居德國十多年，於政治經濟學與音樂學多有研究。

這些學者們歸國以後，或執教於高等學府教書育人，或投身於科研機構潛心工作，爲以後的著書立説進行知識的儲備。

本編中周傳儒、羅常培、顧實的著作即是在大學講義的基礎上創作的，白滌洲的關中入聲之變化也是在陝西關中四十二縣方言調查的基礎上撰成的。由於這些著作經過教學實踐和實地考察，因而研究成果扎實，學術含量深厚。

本編不少作者除音韵研究術有專攻之外：邵鳴九在傳統經學、幼兒教育、日本教育、地方行政教育、院校學科管理方面著述甚多；王光祈有音樂、戲劇、美術、國防、外交、政治方面的譯作論著幾十種；盧冀野於古代戲曲、詞曲、詩歌、小説、散曲、舊體詩等方面也著述豐厚。

民國學者知識廣博，師出多門，不囿一業，是一種非常普遍的現象。

四、資料功夫與科學解釋

王國維先生曾説：「古來新學問起，大都由於新發見。」（王國維最近二三十年中中國新發見之學問）掌握新資料，采用現代科學理論研究新問題，是二十世紀前期學術研究的鮮明特點。

民國初年，地不愛寶，考古新材料如殷墟甲骨、敦煌遺書、西陲簡牘相繼出現，爲現代學術研究提供了豐富的資料基礎。學者們充分利用考古新資料和西方現代音韵學研究的理論及方法，使語言文獻學的研究得到長足的發展。

例如，周傳儒的甲骨文字與殷商制度就利用了殷墟考古出土的甲骨文資料，魏建功的十韻彙編資料補

並釋則利用了國內外的敦煌石窟、高昌古城發現的古韻書新資料。

而胡以魯采用現代人類學、心理學、生理學理論對語言的發生、變化以及口舌發音的科學解釋，王光祈將我國「平聲」之字與近代西洋語言之「重音」與古希臘文字之「長音」的比較，以及白滌洲采用幾十幅圖表反映關中方言入聲變化規律的研究，都令人耳目一新。

這些學者們在研究問題時采用的資料之豐富、理論之新穎、考察範圍之廣袤、考釋方法之縝密，都是傳統研究者所難以達到的。

五、良好的學術環境與端正的學術風氣

經過了六七十年的時空距離，我們似乎不得不承認一九二七年至一九三七年的這十年，雖然社會動盪、戰亂時起，但卻是中國學術發展環境、學者精神狀態與物質待遇都相對優越的年代。這十年間，中外學術交流頻繁，科學研究興盛，學術成果豐碩。本編作品，基本上都撰成或出版於這十年。

這期間學術研究的繁榮與發展主要表現在以下諸方面：

（一）前輩學者對新學者的推崇獎掖

民國初期，前輩學者對青年學子的獎掖成爲風氣：梁啓超就盛贊清華國學院學生王力的中國古文法爲「精思妙悟，可爲斯學辟一新途徑」。章太炎也稱譽胡以魯的新著爲「精微畢輸，黃中通理，其用心可謂周矣」（章炳麟國語學草創序）。而當時的胡以魯才僅僅是個留日歸國的本科學士。

（二）學術觀點表達自由，學術爭論視爲雅事

學術爭論是提高保持學術活力、學術質量，維護學術尊嚴的重要形式。學術爭論提倡百家爭鳴，以理服人。

學者周祖謨針對音韻學研究中固守舊説的現象，認爲「學者求知，貴得其真，豈可專己守殘，隨聲附和」（周祖謨古音有無上去二聲辨·字辨第五）。顧實也以「發明古籍之奥藴，是正世儒之訛謬」（重考古今僞書考·蔣維喬序）的膽略，重考清代辨僞名著古今僞書考。

學者邵鳴九針對有人視唐代三十六字母與北宋廣韵爲金科玉律的觀點，風趣地説：從周到秦「若説這一千年之中，標準音一些也没有變，姬昌和嬴政竟可促膝而談，相説以解，恐怕没有這種情理」（邵鳴九國音沿革六講）。

那個時候，不僅學術評價實事求是，而且學者之間相互尊敬，有着良好的學術氛圍。

例如，沈兼士就「極爲感謝」李方桂、林語堂、魏建功等人對其「右文説」的專函討論，認爲「諸説均足訂補鄙見之不足」（沈兼士右文説在訓詁學上之沿革及推闡附識），體現了一種學人的雅量。

吴貫因針對拼音字母必將取代漢字的時論，力排衆議，認爲「全廢漢字，前途尚覺遼遠」（吴貫因中國文字之起源及變遷）。現代漢字發展證明他的預見是正確的。

（三）學風嚴謹，資料來源清楚

嚴謹的學風與註明資料來源，是學術品德高尚的表現。白滌洲在著作中附録的關中入聲變讀聲調譜部首索引，是自古以來傳統文獻所鮮見，而現代學術著作不可或缺的書籍檢索構成。

魏建功、邵鳴九、王力等學者在引用他人論述時，均説明來源，標明作者的時代、書名、篇章，對引文亦如實迻録，低兩格排印，以示鄭重。既不掠人之美，又無曲解原義。

（四）學風端正，著述言簡意賅

本文作者曾經統計了語言文字編的八九本著作的頁碼與字數：其中頁碼最多、書籍最厚者是胡以魯的國

語學草創，一百四十七頁，頁碼最少、書籍最薄者爲王光祈的中國詩詞曲之輕重律僅四十一頁；而書籍字數最多者爲七萬三千多，最少者則不足二萬。

雖然這些書籍都很薄，但在撰寫中卻用力甚勤：學術內容豐厚，書籍章節完備，文字表述精準，毫無浮滑不實的繁言蔓詞和故作深奧的賣弄之嫌。

面對這些沉甸甸的精深之作，反觀時下動輒幾十萬言的「皇皇巨著」，學術水平的高下自然不難判斷。

六、憂患意識與書生報國

「位卑未敢忘憂國」這種偉大的愛國情懷，每當國家危難之時，無論在傳統文人還是在現代知識分子身上都表現得那麽深沉。

的確，在國難之時，挺身而出，積極參與，是一種非常可敬的愛國行爲。即如中國詩詞曲之輕重律的著者王光祈，就積極參加過四川的保路運動和北京的「五四」遊行、籌辦過「少年中國學會」，是一位熱情的社會活動家。廣中原音韵小令定格的著者盧冀野，抗戰期間創作的中興鼓吹曾分贈前綫將士，起到了鼓舞士氣的作用。

然而，就知識分子群體來説，絶大多數人則不可能奔赴疆場，那麽像明末清初的「易堂九子」那樣，「兄弟戚友保聚一地，相與從容講文論學於乾撼坤岌之際」（陳寅恪贈蔣秉南序），就是一種更爲深重地延續文脈、保存國粹的愛國行爲。即如抗戰期間的西南聯大、中央研究院的學者們，在艱苦的條件下，或考察研究，或教學著述，無疑是一種文人的報國方式。

學者王力就將做學問與抗戰聯繫起來，他説：「前方將士正在浴血苦戰的時候，我們這班文人還安享着國家的俸給，清夜捫心，實在慚愧。若對於國家當前的問題，也不肯本平日所學，貢獻所知，則國家養士何

用？」（王力漢字改革·自序）知識分子的愛國真情表露無遺。

而像劉半農那樣在考察方言途中染病逝世，像白滌洲那樣，在家中連喪五位親人之後還忍痛遠赴西北進行考察，不久也因病而逝的報國行爲，就更加感人至深，令人嘘唏。

書生報國，鞠躬盡瘁，死而無悔，是那一代知識分子共同的情操。

七、結集出版與刊物發表

出版印刷的興盛爲二十世紀前期的學術繁榮做出了突出的貢獻。民國時期許多優秀的學者如張元濟、高夢旦、王雲五等相繼入主出版，更多的學者如胡適、胡愈之、沈雁冰、葉聖陶等參與編輯。他們氣度豁達，慧眼識珠，出版專著，創辦刊物，編纂文庫，結集叢書，使許多學術新見解和研究新成果得到了及時、多元的表達，加速了學術研究的發展與傳播。

本編的著作大多初版即爲專著。也有一些學者如沈兼士、王力、周祖謨、白滌洲等的著述卻是先發表於刊物，後來才抽印成專著的。這些抽印本有過學術討論的積澱，水平自然可嘉。

二十世紀初，雖然白話文與新式標點曾遭到激烈反對，但它們還是以明了通暢的形式佔據了民國文本形式的主流。本編的作者們大都能較熟練地運用白話文進行寫作，有時「因欲與引证文字相符合」，而不得已采用文言文時還特地加以説明（邵鳴九國語學沿革六講·例言）。這種爲讀者着想的方法無疑促進了中國學術由高深奥妙向大衆「公器」的轉變。

民國書刊的排列雖因時代新舊交替而横、竪并存，但統一采用新式標點符號，則是學者們引領潮流，與時俱進思想的表現。

撫今追昔，當我們掀開這些泛黄的書頁，看着似曾相識的繁體字，竟萌生出一種撫摸民國學術體温

的感動。

他們的貢獻無愧於那個時代，他們的著作堪稱爲學術經典。

是以爲序。

二〇一四年五月十五日於三亞學院

作者簡介

吴貫因（一八七九年—一九三六年），著名史學家、語言學家、民主主義者。他一生所著甚豐，且擅詩文，工書法，于文史學和語言學均有研究，代表作有憲法問題之商榷、中國共和之前途、中國古代之社會政策、中國經濟進化史論、東西印章歷史及其品性之變遷、中國經濟史眼、史之梯（又名史學概論）、中國文字之起源及變遷、中國語言學問題等。

中國文字之起源及變遷目次

中國文字之起源及變遷

第一章　無文時代

人類社會，成爲有文時代，至今不過數千年。在此時期以前，尚有二綿遠之歷程：其一爲有聲無言之時代；其二爲有言無文之時代。洪荒之初，人智狉塞，有聲無言之時代，比之有言無文之時代，其期間較長。其後智識漸開，知利用口之有聲，以組織語言，於是人與人遇，可以對談，人類相互之感情，遂日益親切。此爲社會成立之一大要素。其應用於事實上，則始焉對於有形之物，能以語言表之，繼焉對於抽象之事，亦能以語言表之，語言之效力日廣，卽知識之程度日增，比之有聲無言之時代，其智愚之相去，直不可以道里計；此觀諸無言之動物，卽可瞭然。故初民之能因聲以創造語言，不可不謂爲進化歷程上之一大發明也。

借聲以組織語言，固爲人智之一大進步。雖然，語言之效用，其範圍極有限：第一，語言只便於表示現象，若已往之事，恆多遺忘，不易以語言使其永續也。第二，相聚一堂，始能以語言互相表示，若異地之人，不能借語言以傳達情意也。語言之勢力，既爲空間時間所拘束，使其效用縮小，欲衝破此網羅，使縱則超乎時間之外，横則超乎空間之外，不能不別有其武器。厥初先民爲思濟此兩途之窮也，於是進一步焉，又有文字之發明。自書契肇興，人類種種制作，種種經驗，藉文字以傳播之，於是一人之創造，可以供千百人之模仿，一時之發明，可以供千百世之因襲，在作者既得藉此以傳世，而讀其書者，復可借此爲研究之資料，互相啓發，精益求精，於是文明之進步，其速度遂大激增。故文字之發明，實爲人類文明史上一極重要之事業；苟無文字，則一切文明，皆將斷而不續，欲承先啓後，將焉取資？故欲知一國文明發達之歷史，不可不知一國文字之起源；蓋有文字以後，舊文明始得繼續，而新文明亦易發生也。中國爲世界文明古國之一，而其文字之行於世，用之之人，又占世界人類三分之一而弱，其與世界之文明，關係如此；故探求中國文字之起源變遷，不特於中國文明史上，有重大之貢獻，抑於世界文明史上，亦有重大之貢獻也。

第二章　結繩時代

文字之初發明也，其字體多屬衍形而非衍聲；以先民之始創文字，原欲借以表示事物，故其字形，必象事物之狀態，此非獨切於實用，抑衡以思想進化之階級，在制字之初期，其腦海當然先現此印象也。中國最初之文字，爲象形之體，如☉之爲日，☽之爲月，□之爲山，□之爲鹿，□之爲魚，其例不一而足。觀周代以前之古文字之與形，無一而不妙肖。古文一變而爲籀文（一名大篆），籀文一變而爲小篆，大小篆之字體，依然保存象形之遺跡也。又不惟古篆兩文體而已；今日通行之文字，其根本仍屬衍形，視西文之以字母拼音義取衍聲者，完全不同，此固由中國字學進化之遲滯，而字之創始，體屬象形，即此亦可推溯而知也。然今之西文，雖屬衍聲，而推源其朔，則亦創始於衍形。蓋今之歐文字母，導源於埃及之繪畫文字(hieroglyph)，其體純屬象形。如⊙之爲日，□之爲月，□之爲山羊，其以衍形爲本義，與我古代實相同。既而文字之效用日廣，即文字之體態亦日多，於是在楷書之繪

畫文字之外，又有行書之僧侶文字(hieratic)及草書之平民文字(demotic)。既有行草兩體，於是象形之義漸微。其後傳之腓尼基人，變爲二十八衍音體之文字，再經希臘羅馬，播之其他各國，幾度遞嬗，遂成爲今日歐文衍音之文字。不特此也，一八四五年，英人拉雅德(Laryard)於西亞細亞尼尼微(Nineveh)之地，發見古代亞述(Assyria)王之故宮，於其中獲得一種象形之文，學者字之曰楔形文字。而據歷史學者之研究，且謂此種象形文字，始由阿卡德人(Accadians)發明，分播之亞述、巴比倫、波斯諸國，然則古代之西亞細亞，其通用象形文字者，又不只亞述一國矣。要而論之，西方之文字，創始於衍形，其後變爲衍聲；中國之文字，創始於衍形，其後此義雖漸微，然今仍屬衍形之系統。東西字學之進化，雖有遲速之不同，而其創始於衍形則一；此亦可見人類關於書契之思潮，其初固同一出發點也。

中國最初之字體，屬於象形，又有一事可以質證者：則書契未興以前，有結繩之一時代是也。易繫辭下傳：『上古結繩而治，後世聖人易之以書契。』史記三皇本紀：『造書契以代結繩之政。』則知發明『書契』之時，與結繩紀事之世，其時代實相聯；書契既興，結繩之制度始廢而不用也。夫結

繩之爲物，雖與文字不同，然實含有文字之性質。原先民之造書契，特以爲思想及事物之記號而已，而結繩之制，亦思想及事物之記號也。故結繩雖非眞正之文字，而文字之作用，已寓其中。蓋原人之初，短於未來之觀念，不特無所需於文字，亦無所需於結繩；及智識稍開，不徒知計現在，而又知計未來，於是借物紀事之觀念，始以發生，借結繩以紀事，與借文字以紀事，物象雖殊，而觀念則一。故人類既能發明結繩之制，進焉必能發明書契之制，蓋結繩爲文字之先河，此文明進化之歷程，所必經之階級也。昔西班牙人侵入秘魯時，其地有所謂吉普（quipus）者，即一種結繩制度。其在琉球，迄於近代，尚有結繩遺制；而古代之西藏，及貴州之苗族，亦皆有結繩之遺跡。蓋當人智幼稚時代，未能發明文字，則先以結繩方法，爲現在與未來之聯絡，其他民族，亦所常見，不獨中國爲然也。夫結繩既爲產出文字之淵源，而結繩之制度，義取象形，則繼結繩而起之文字，當亦必建基於象形之上，斷不能越衍形之一階級，而首創衍聲之文字，此進化之次序然也。

第二章　蒼頡之創字

中國書契之制，旣爲代文字而興矣；然則發明之者果爲何人？此文字史上最應先硏究之事也。歷觀古籍，凡言制字之始，多稱蒼頡。呂氏春秋審分覽云：『蒼頡作書。』韓非子五蠹篇云：『古者蒼頡之作書也。』鶡冠子近迭篇云：『蒼頡作法，書從甲子。』又王鐵篇云：『士史蒼頡作書。』淮南子本經訓篇云：『蒼頡作書，天雨粟，鬼夜哭。』據諸子之說觀之，則創造文字之元祖，實爲蒼頡。今假定此說爲可依據，尙有應硏究之問題五焉。今分節論之如下：

第一節　蒼頡爲歷史之人物抑爲神話之人物

日本學者有謂蒼頡乃創契之轉音，因創造書契者後世無從考其爲何人，乃名之曰：『創契，』轉而稱爲蒼頡；此乃擬議神話時代之人物，不必果有蒼頡其人也。而在吾國，亦有否認蒼頡造字之說者：謂始創文字之人，實爲伏羲，而非蒼頡，有唐一代，以是定爲功令，應試之士，必遵此說焉。稽此說

之由來，實創始於漢代。孔安國之古文尚書序云：『古者伏羲氏之王天下也，始畫八卦，造書契，以代結繩之政。』又史記三皇本紀亦稱：『庖犧氏造書契以代結繩之政。』伏羲制字之說，實起於是。然則司馬遷、孔安國之說，又果何所本乎？易繫辭下傳云：『上古結繩而治，後世聖人易之以書契。』又云：『古者庖犧氏之王天下也，仰則觀象於天，俯則觀法於地，觀鳥獸之文與地之宜，近取諸身，遠取諸物，於是始作八卦。』繫辭之言如此，孔安國與司馬遷，乃舉『造書契』『畫八卦』二事合而爲一；於是『伏羲造字』之說，遂發生焉。雖然，孔序與史記實誤會經意，其說不能成立也。蓋繫辭下傳第二章，於敍庖犧氏作八卦之後，尚歷敍神農、黃帝、堯、舜等事，至章末乃言上古結繩而治，後世聖人易之以書契；經固未嘗言書契卽爲『八卦』，而造書契者卽爲造八卦之伏羲也。孔序與史記，乃併合而爲一談，失之附會矣。然則八卦與文字果毫無關係乎？是又不然。考伏羲所發明之八卦，爲☰、☱、☲、☳、☴、☵、☶、☷，卽爲乾兌離震巽坎艮坤之八義。又以⚊與⚋爲陽與陰之義，實一種特殊之文字也。特用之以測宇宙萬象之奧，而不用之以紀社會一般之事物，其尙未能成爲完全之文字，略與結繩同。蓋結繩含有文字之性質，而未有文字之形體；八卦已具文字之形體，而不能爲文字之應用，其

去書契，尙差一間。故伏羲雖能發明八卦，尙不能以發明文字名之也。伏羲旣難尸創字之名，而荀子、呂氏春秋、鶡冠子、淮南子諸書，皆以制字之功歸之蒼頡，則謂蒼頡爲創造文字之元祖，其說殆或可信。又東漢延熹五年，左馮翊、劉氏，於衙縣訪得蒼頡墳墓，卽於其地建蒼頡廟碑，其碑今尙存。當時所謂蒼頡墓，雖不必十分精確，然漢代去古較近，當時旣確信有蒼頡其人，又略知其死亡之地，則有蒼頡之名，及制字之事，其說殆難否定也。洵如是也，蒼頡固爲歷史之人物，而非神話之人物矣。

第二節　蒼頡爲古代之帝皇抑非古代之帝皇

中國古代，好以發明之功，歸之帝皇。如稱：燧人發明火，伏羲發明八卦，神農發明稼穡，黃帝發明衣裳，若此者不一而足。夫古之帝皇，其能有所發明，以利民用者，誠不乏其人；然由其臣下發明，而以帝皇尸其名者，亦未嘗無之。蓋當神權及軍權當陽時代，一般人民，迷信帝皇有萬能之力，故其時有所發明，輒以爲微帝王莫屬也。緣古代有此迷信，於是對於制字之蒼頡，遂有帝皇之說生焉。春秋演孔圖及春秋元命苞，敍帝皇之相，謂蒼頡四目，是謂並明。河圖玉版云：『蒼頡爲帝南巡狩，登陽虛之山，臨於元扈洛洞之水，靈龜負書，丹甲青文以授之。』路史禪通紀云：『倉帝史皇氏，名頡，姓侯剛，龍

顏侈哆，四目靈光，上天作令，爲百王憲。』此諸書者，皆以蒼頡爲古代之帝皇；欲明其說是否可信，且就諸書一批評之：路史成於北宋，上古之事，羅泌非能知之；而其記禪通紀，實根據魏張揖之說，然張揖謂禪通紀在獲麟前二十七萬六千餘年，則文字之發明，亦在獲麟前二十七萬六千餘年，繩以社會進化之程序，絕對不合；其說之荒誕不經，絲毫無可置信。張揖之說，既不足據，則路史之言亦不足據也。至於春秋演孔圖、春秋元命苞、河圖玉版等，成於漢代，屬纖緯之書，無可傳信之價值，先儒論之詳矣；則其所紀蒼頡之事，亦不足爲據也。以上諸書，既不足據，而歷觀古文及經傳帝王世系，皆無蒼頡其人；其他可信之書，又有蒼頡係史官之說，然則蒼頡之非帝皇，蓋無可置疑矣。雖然，謂蒼頡非帝王則可；謂此諸書之以皇字加諸蒼頡，全出於揑造，則不可。呂氏春秋云『蒼頡作書』，又云『史皇作圖。』高誘註云：史皇卽蒼頡。又淮南子修務篇云：『史皇產而能書。』意春秋演孔圖等書，必見呂氏春秋及淮南子中，皆有『史皇』之語，遂附會其說而張大之，以蒼頡爲古之帝皇也。不知史皇之皇，非必卽爲帝皇之皇。說文，皇，大也。尚書序疏稱：皇者以皇是美大之名。又博雅，皇美也。皇之本義如此。意者蒼頡爲制字之祖，後人嘉其功之美大，遂以皇稱之；呂氏春秋及淮南子之名蒼頡爲史皇，當

必取義於斯也。不然，使蒼頡果爲帝皇，則直稱之曰皇可矣，何必冠以史之一字，以史字冠之，可知其爲史之皇，卽制字之皇，而非君臨天下之皇也。皇字之義既明，則蒼頡之非政治上之帝皇，亦從可知矣。

第三節　蒼頡生於何時代

張揖廣雅載：蒼頡生於禪通紀，而禪通紀在獲麟前二十七萬六千餘年，是蒼頡距今，已二十七萬八千餘年矣。雖然，此說有疑問存焉。據易繫辭所言：『上古結繩而治，後世聖人易之以書契。』是制字之時代，實聯接結繩之時代；而許氏說文解字自序，謂神農結繩而治，則神農時代，固尙屬結繩時代也。夫使距神農前二十餘萬年而已有文字，斷無至神農之時，猶有用結繩以紀事者：此其難置信者一也。且距神農前二十餘萬年，卽已有文字，則至神農之時，文明必大發達矣；而據史所載，庖犧氏興，始結網罟以教佃漁，養犧牲以爲庖廚。神農氏興，始造耒耜以教耕稼。夫以發明文字後二十餘萬年，及伏羲時，始入於『漁獵時代』、『牧畜時代』，又至神農時，始入於『農業時代』，無論由經濟學上觀察之，與由社會學上觀察之，社會文明之進步，皆不應若此之遲滯。且司馬遷修史，起自庖

犧，謂其以前之事，難於徵信也。使文字之興，果起自庖犧前二十餘萬年，則此二十餘萬年中，豈無歷史之可傳者：此其難置信者二也。執是以觀，張楫之說，屬於好奇武斷，殆灼然無疑。於是又有第二之說出焉：則謂蒼頡爲黃帝之臣是也。許愼說文解字自序云：『黃帝之史蒼頡，見鳥獸迒蹏之跡，知分理之可相別異也，初造書契。』又漢書古今人表於黃帝之下列蒼頡，注爲黃帝之史。衞恆之四體書勢亦云：『昔在黃帝，有沮誦、蒼頡者，始作書契。』又太平御覽引宋衷世本云：『沮誦、蒼頡，黃帝之史官。』據上諸說觀之，則蒼頡實爲黃帝時代之人。且徵之歷史，凡記黃帝以前之事，多近於神話的傳說；而黃帝以後，則神話的記事較少，而人文的記事較多，則謂應用之文字，於是時發生，理或可信。且制字之蒼頡，吾儕既信確有其人，所未能斷定者，則在其生於何時代耳。而除爲『黃帝之臣』之說外，欲主張其生於別時代，尚未得有確據；則以漢書及說文之較可徵信，吾儕不能不從班固許愼之說，假定其爲生於黃帝時代之人也。

第四節　發明文字之人係蒼頡抑爲倉頡

考據家有謂蒼頡當姓『倉』而非『蒼』者，羅泌卽其一也。其說謂：蒼氏出於舜時蒼舒之後，

倉氏始出於倉頡之後。又論衡及說文，皆稱倉頡，不稱蒼頡，此爲其主張姓倉之理由。雖然，此說有難置信者在焉。漢書食貨志註：倉官之子孫，以倉爲姓。此爲倉姓之由來，若謂其出於倉頡，稽諸宋以前之書，絕無證據。至於蒼舒之名，據漢書古今人表，則書爲倉舒；其強改爲蒼，亦屬武斷。若宋代所印行之論衡、說文，其書爲倉頡，安知非出於錯誤；奚以明其爲錯誤？則古來較有價值之書，如荀子、鶡冠子、呂氏春秋、秦之蒼頡篇、漢之蒼頡篇、漢書藝文志、淮南子本經訓篇、衛恆四體書勢、宋衷世本等，其對於蒼頡，皆書爲蒼，而不書爲倉也。然書經數傳，恆多訛字，吾旣謂論衡、說文之書爲倉，當由印板之錯誤；則反對者亦可云：荀子等書之書爲蒼，亦或由印板之錯誤。雖然，印板不可憑，而古代傳來之石刻則可憑。東漢延熹五年所建之蒼頡廟碑，固明書爲蒼。其碑文今尙傳於世焉。此等碑文，當然屬一種之確據，苟不能獲得有力之反證，則史頡之爲蒼姓，殆可論定矣。

第五節　文字之創造全由蒼頡之力抑蒼頡只爲其中之一人

據呂氏春秋審分覽、韓非子五蠹篇、淮南子本經訓篇等，其言作書，皆單舉蒼頡，似創造文字，其業全由蒼頡一人成之。雖然，此外有異說存焉。荀子解蔽篇云：『好書者衆矣，而蒼頡獨傳者一也。』

鶡冠子書云：『成史李官蒼頡不道，然非蒼頡，文墨不起。』衛恆四體書勢云：『有沮誦蒼頡者，始作書契。』宋衷世本云：『沮誦、蒼頡，黃帝之史官。』據此諸書觀之，則古來造字者又不止蒼頡一人。然則以上兩說，孰可徵信耶？夫就社會學上研究之，以古代人智之幼稚，文字之造端，縱或起自一人，文字之應用，斷非成自一人，意者自結繩以後，創字時有其人，然或失之簡略，或失之拙劣，不足以利民用，及蒼頡與，集合舊有文字而斟酌損益之，復別運新意匠，改良文字之形體，制定文字之用法，使可借之以發表意思，紀載事實，而自斯以後，人類大收文字之利，遂皆歸功於蒼頡，且以蒼頡爲制字之祖焉；荀子所謂蒼頡獨傳者，意其傳名之原因，或在於是歟？使此說而不誤，則蒼頡非爲始造文字形象之人，而爲始造文字用法之人，其有功於中國之文明，固在此而不在彼矣。雖然，文字所以可貴，在於能應用，而不在於有形象；使人類之解用文字，果創自蒼頡，則雖尊之爲制字之元祖，亦不爲過，不能謂其爲掠前人之美也。

第四章　創字之動機

文字發明之人物，及發明之時代，既略得而知矣；然則其發明之動機又如何？關於此點，載籍所傳，亦不一其說，今以次批評之。

第一節　觀天象說

觀天象說，謂先民仰觀天象，得文字之形體，觸此悟彼，乃創造文字。孝經援神契云：『奎主文星，蒼頡效象。』宋均注：『奎星屈曲相鉤，似文字之畫。』由此觀之，則蒼頡實由觀奎星之形，始得文字之體。姑無論孝經援神契一書，是否有傳信之價值，第由社會學上觀察之，上古時代，人智幼稚，其發明一事物，常不能無所憑藉，而天象爲人所常覩者，因此而發明文字，理有可通，則此說未嘗不可信也。然迷信讖緯者，輒謂因此可悟天人相通之理，而以文字之創造，謂有神力存乎其中；其所摭拾之證據，如左傳載：『宋仲子之生也，有文在其手。』是爲後來作魯夫人之先兆；漢末有蠶食上林苑中

偃樹之葉現『公孫病己立』五字，是爲後來孝宣卽位之先兆。藉此等帶讖緯性之紀事，謂爲天人一貫之機械，而以人工所創之文字探源於天工焉。在今日科學昌明之世，此種神話的傳說，殆不足據爲典故矣。

第二節　觀鳥獸迹說

觀鳥獸迹說謂先民因觀鳥獸之迹，遂發明文字之形體。許愼說文自序云：『黃帝之史蒼頡，見鳥獸之迹，而知分理之可相別異也，初造書契。』漢延熹時所建蒼頡廟碑云：『寫彼鳥迹以紀時口』（時字下有一字殘蝕不可考），岑參題蒼頡造字臺詩云：『空階有鳥迹，猶似造字時。』是皆以蒼頡之造字爲感觸鳥獸之迹而作也。夫文字最初之體，屬於象形，上旣言之；則謂蒼頡因觀鳥獸之迹，則而倣之以作文字，其說殆屬可信。雖古代所創文字不必盡由觀鳥迹而發明，要之因是而發明者，當有一部分；蓋此種傳說不必屬於神話，在科學上亦有相當之價值也。

第三節　河洛出圖書說

河、洛出圖書說，謂圖書之始，非人力所作，實由河、洛所出。易繫辭上傳云：『河出圖，洛出書，聖人

則之。』書顧命云：『河圖在東序。』禮記禮運云：『山出器車，河出馬圖。』論語云：『子曰「鳳鳥不至，河不出圖，吾已矣夫。」』是皆以圖書之由來，爲天地間自然發生之物，特假道河、洛以出於世。漢、宋諸儒，紬繹其說，著作極多，不只以此爲文字之始，且謂玄學、算學，皆寓其中，故『河圖、洛書』成爲儒學上一極重要之典故。今假定此說有可研究之價值，然則古代河洛中之圖書，何從出現於世耶？於是關於其出現之典，又有三種傳說焉。今分述之如下：

（一）謂爲由靈龜貢之於世者　主張此說之書，如河圖玉版云：『蒼頡爲帝，南巡狩，發陽虛之山，臨於元扈洛洞之水，靈龜負書，丹甲青文，以授之。』孝經援神契云：『洛龜曜書，垂萌畫字。』挺佐輔云：『天老告黃帝曰：「洛有龜書。」』春秋說題詞云：『洛龜書感。』是皆以爲洛書之現於世，由龜呈之以出也。夫謂洛水自能產書，而龜負之以出，其說近於荒誕，殆不足信。然古籍所以常有此語者，意必上世聖人，觀龜背之紋，有所悟而作文字，而其龜適自洛水出，後世傳聞失實，遂以爲洛水有書，靈龜負之以出耳。路史云：『蒼帝俯察龜文鳥羽，而創文字。』其足爲龜書說之定論矣。

（二）謂爲由河魚貢之於世者　主張此說之書，如挺佐輔云：『黃帝遊翠嬀之川，有大魚出，魚沒而圖見。』尙書中侯云：『伯禹觀於河，有長人魚身出，曰河精也。授禹河圖，躉入淵。』此則以爲河圖之出借魚身以貢於世也。夫謂巨魚有靈能絜河裏之圖，以貢獻於世，此其說亦近於荒唐無稽。雖然此種神話的傳說，不特中國有之，西方亦有之。古代之迦勒底（Chaldea）有一種傳說，謂迦勒底之文明，乃由一魚形之神人所創造，此神人名曰耶愛（Ea）或又稱爲翁尼（Oannes）。而迦勒底之文字亦由此魚形之神發明之。此種傳說，與中國謂河圖由魚身長人負出者適相吻合。此其故何耶？蓋上古文明，發生於河流沿岸，此中西之所同。中國之圖書依河、洛以發明；而迦勒底之地理，則位於幼發拉底（Euphrates）河之下流，延而及於波斯灣，水中有魚，彼此無異；既由水以發生文明，於是由魚發明文字之說，亦伴之而生焉。推原其故，意者上古聖人觀河魚而有所感，乃作或種圖形，於是有河魚授圖之說；觀魚字古文之爲象形，則知先聖之發明圖書，與魚類不無關係，第上世人智幼稚，不悟聖人覩魚形以作圖，因誤以爲河伯借魚身以出圖。讀者苟知上古之文字，係屬象形，則可曉然於此說之由來耳。

(三)謂爲由河龍貢之於世者　主張此說之書，如春秋說題詞云『河以通乾出天苞，洛以流坤吐地符，河龍圖發。』挺佐輔云『天老告黃帝曰「河有龍圖。」』此河龍出圖之說也。夫人類所棲息之地球果有龍之爲物與否，尙屬疑問。依動物學家言，有謂動物但有蛇而無龍者；有謂龍生於太古自六萬年前已絕跡者。而黃帝至今，不過數千年，則龍之自身，尙屬想像之物，而非實有之物；至謂圖由龍出，其說更屬無稽。若謂古聖觀河蛇之形，因以作圖，則其說差可信耳。

以上三說，從字面所言觀察之，則只屬神話的傳說；從觸物而發明圖書之說觀察之，則又饒有科學的價值。要之謂古聖因覩龜、魚、龍（動物學家或謂古代所謂龍，當屬一種之蛇。）之形，因以作圖書則可；謂天地間自有圖書，借龜魚龍以貢於世，則不可也。或曰：河出圖，洛出書，古籍言之夥矣；如上所論，謂爲神話，然則上世果絕無河、洛出圖書之事乎？答之曰此事固不能斷言其無，顧使其有之，必也上古之人，已有發明圖書者，而或欲顯其神奇，或遭遇事變，乃緘固之而沉於河、洛。其後爲他人所發見，遂誤以爲天地間自然發生之物耳。例如鄭所南心史沉之井裏者數百年，及明末而始發見。使在上世，必以爲乃鬼神所授之書，非人類著作之書也。河、洛出圖書之事，當與此同耳；至於謂古聖

因觀龜魚龍等之形而作圖書，則又別有可信之理在，與河、洛自出圖書之說，不能併爲一談也。

第五章　文字最初之形體

發明文字之動機。假定如上所述矣；然則其所創造之文字，果屬何種形體乎？關於此點，又有諸種傳說存焉。試列舉而評論之。

第一節　八卦說

八卦說謂始發明之文字，實爲八卦，八卦即屬一種之文字也。如乾坤鑿度之說：謂☰爲古之天字，☷爲古之地字，☵爲古之水字，☲爲古之火字，以是謂八卦爲文字之鼻祖。然此所云，實屬後起之說；而☰、☷、☵、☲等古代果爲天地水火四字與否，不可知已。或謂今世之文字與古代之文字，其性質微有不同。文字進化至於今日，字之形體，只成爲聲音之符號，言辭之符號；若在古代發明之初，則乃觀念之表示也，思想之表示也。字體既爲觀念思想之記號，則必出於圖形，而八卦亦屬圖形，故信其爲最初之文字，原有相當之理由。雖然，此其說亦屬似是而非也。夫最初之文字，既屬象形，則字形與

字義，必求相像。顧天地水火，求諸古文，別有其象形之字，而與☰、☷、☵、☲，迴不相象；則謂八卦爲最初圖形之文字，以科學之眼光觀察之，已不足置信。況歷觀古籍，凡言八卦，皆以作術數之用，非以作文字之用。八卦果含有神秘之術數與否，雖不可知，然其中寓有算學之理，則殆不可埋沒。故劉徽、夏侯陽之徒，謂算數起自伏羲，以八卦爲數學之起原，則其中蘊數理，固歷代儒者之公言，實無疑議之餘地也。夫以含有數理之八卦，必人智之啓發，已稍進步，始能產出此物，謂在始制文字之初，即能發明含有此種奧義之八卦，從社會進化之次序上觀察之，殆不其然。呂氏春秋稱筮作於巫咸，而卦與筮，實互相表裏，故近世學者，有謂八卦卽巫咸所作，不然，亦必發明於巫咸之前後；使其信也，則八卦之發明，乃在創字後之二千餘年，謂其爲文字之鼻祖，可謂後先倒置矣。夫謂八卦作於巫咸時，尙無確證，此說因未敢遽加左袒；第以社會學之眼光批評之，含有數理之八卦，其發明必在已有文字之後，此則較爲近於事理也。主張卦卽是字者，又謂八卦只屬文字之圖形；若云中含術數，乃後儒所附會，作卦之初，並不含此奧義也。夫使八卦之眞象，果不含數理，則亦不得謂爲最初之文字；以首創之字，體屬象形，已無疑義。而八卦之形體，與古代象形之字，迴不相侔，若論其直線之配置，則有似結繩之

遺制。故就其形迹而觀只可擬之結繩，而不能擬之文字，結繩固爲文字之先河，然與應用之文字究不相同，前已言之斯又無待複論矣。故謂八卦爲最初之文字，無論從何方面觀察之，其說皆不健全也。

第二節　甲子說

鶡冠子近迭篇云：『蒼頡作法，書從甲子。』是謂蒼頡始創之文字，卽爲『甲子』也。考甲子之作用，以甲、乙、丙、丁、戊、己、庚、辛、壬、癸十字爲天干。子、丑、寅、卯、辰、巳、午、未、申、酉、戌、亥十二字爲地支。而配合干與支之字每屆六十，卽爲一週，故謂之六十甲子。甲子之字體本非象形，謂爲最初之文字，殆不可信，雖然彼別有一種變相之象形在焉；就天干論之，則以十干象五行是也。今列表如下：

十干	五行
甲乙	木
丙丁	火
戊己	土
庚辛	金

壬癸　水

十干分象五行，尙有陰陽之別，卽甲、丙、戊、庚、壬爲陽，乙、丁、己、辛、癸爲陰，所謂陰陽者，卽兄弟之謂也。再以表明之：

甲	木之兄	閼逢	乙	木之弟	旃蒙
丙	火之兄	柔兆	丁	火之弟	強圉
戊	土之兄	著雍	己	土之弟	屠維
庚	金之兄	上章	辛	金之弟	重光
壬	水之兄	玄黓	癸	水之弟	昭陽

十干分象五行，含有術數之說，以云文字上變相之象形，義尙未著。至於地支，則所象者，乃爲有形之生物焉，卽所謂鼠、牛、虎、兔、龍、蛇、馬、羊、猴、雞、狗、猪十二生肖是也。十二支象十二生物，不獨中國有之，卽在他國亦數見不鮮。唐書載：『黠戛斯國，以十二物紀年，如歲在寅，則曰虎年。』宋史吐蕃傳云：『仁宗遣劉渙使其國，厮囉延使者勞問，具道舊事，亦數十二辰屬，曰兔年如此，馬年如此。』其以十

二支配歷年，與中國若合符節。明儒陸深，見唐書所載黠戛斯國事，遂謂中國以十二支配生物，乃倣北俗。不知許慎說文已有『巳爲蛇，亥爲豕』等語。又吳越春秋云：『吳在辰，其位龍也，越在巳，其位蛇也。』亦以地支配生物，而其言之最詳者，尤莫若王充論衡。論衡以十二支配生物，更以之配五行，而沭其不相尅之故，蓋又雜以陰陽之說矣。漢籍所載，遠在唐書、宋史所記黠戛斯國等事之前，可知其起源甚古，初非摹倣北俗也。又不獨黠戛斯、吐蕃已也，法苑珠林引大集經語，謂『印度亦有十二支，以配十二生肖，與中國同；惟中國無獅，故以寅配虎，而印度則以之配獅焉。』其云中國無獅，恐屬漢、魏以後之事，若在古代，則有此物，謂以寅配虎，其故在是，殆未必然也。又據阿婆縛鈔及行林鈔所載，印度有十二神將，跨十二生獸，其獸名與中國之十二生肖同，斯更奇妙不可思議矣。今表之如下：

宮毗羅神將　駕虎

伐折羅神將　駕兔

迷企羅神將　駕龍

安底羅神將　駕蛇

頞儞羅神將　駕馬

珊底羅神將　駕羊

因達羅神將　駕猴

波夷羅神將　駕金翅鳥

摩虎羅神將　駕狗

眞達羅神將　駕猪

招杜羅神將　駕鼠

毗羯羅神將　駕牛

此十二生獸，與中國殆全吻合；所徵異者，則中國之雞，印度易爲金翅鳥耳。然固同其種類也。而宮毗羅所駕者乃爲虎，與法苑珠林所云易虎爲獅者，又有異矣。另據佛典各經所載此十二神將，以之配十二地支，有以宮毗羅爲『子神』，而順序分配之者；亦有以毗羯羅爲『子神』，而逆序分配之者。今再列表以明其配法：

地支	甲種配法所配之神	乙種配法所配之神
子神	宮毗羅	毗羯羅
丑神	伐折羅	招杜羅
寅神	迷企羅	眞達羅
卯神	安底羅	摩虎羅
辰神	頞儞羅	波夷羅
巳神	珊底羅	因達羅
午神	因達羅	珊底羅
未神	波夷羅	頞儞羅
申神	摩虎羅	安底羅

酉　神	眞達羅	迷企羅
戌　神	招杜羅	伐折羅
亥　神	毗羯羅	宮毗羅

以十二地支象十二生獸，中國、印度殆全相同，斯已異矣。最奇者，以遠隔重洋之墨西哥，亦有十二支之名，其生肖與中國略同，斯更神妙不可思議矣。

墨西哥十二支之名	相當中國之名	生肖
Atl	子	小
Cipactli	丑	海怪
Ocelotl	寅	虎
Tochtli	卯	兎

Cohnatl	辰	龍
Acatl	巳	蘆
Tecpatl	午	燧
Allin	未	黃道
Atomatli	申	猴
Onaschtli	酉	鳥
Ttaenintli	戌	犬
Calli	亥	豕

墨西哥與中國，輪船未興以前，無由交通，何以亦有十二支，寧非宇宙間一極神秘之事！論者或謂十二生肖之思潮，乃人類先天之共通智識，故人智啓發之初期，即能各自發明，不謀而合；而以十二支象生物，有類於變相之象形，既不離象形之義，說者因此謂甲子爲文字鼻祖之說，有可傳信之

價值。雖然，此特擬議推測之詞，不足以爲定論也。姑無論以地支象生物，比之象形之字，義尙相遠。就令果屬一種別體之象形，然必有文以後，人智已稍進步，始能發明含此奧義之文字，若造字之初，安得有是。況甲子之制，其最大職務，在於計算歲月日時，不能以之指示宇宙萬般情事。而所謂觀鳥獸之迹，魚龍之形，以作字者，其字斷非甲子，故甲子不失爲字之一種，而蒼頡所發明者，斷不限於甲子；況古書多言甲子作於大撓，並非蒼頡，鶡冠子書舛誤甚多，此層不必可信，苟既信蒼頡爲造字之祖，則甲子之非最初文字，又可以是旁證之矣。

第三節　科斗文說

許愼說文自序云：『蒼頡之初作書，蓋依類象形。』因其形象有似科斗，故世謂之『科斗文。』晉書索靖傳云：『聖王御世，隨時之宜，蒼頡既生，書契是爲，科斗鳥篆。』此科斗文說之所由來也。又晉書束皙傳云：『太康元年，汲郡人不準盜發魏安釐王冢，得竹書數十車，漆書皆科斗字。』據此觀之，則戰國之世，尙用科斗文字，亦可見科斗文行世之久矣。雖然，關此問題，尙有異說存焉。自晉以前，學者多稱蒼頡發明者爲科斗文，所謂科斗文，卽古文也。及南北朝之初，王愔撰文字志，謂古書有古

文篆、大篆、象形篆、科斗篆、小篆、刻符篆、摹篆、蟲篆、隸書、署書、殳書、繆書、鳥書、尙方大篆、鳳書、魚書、龍書、麒麟書、龜書、蛇書、仙人書、雲書、芝英書、金錯書、十二時書、懸針書、垂露書、倒薤書、偃波書、蚊脚書、草書、行書、楷書、藁書、塡書、飛白書等三十六種，以科斗文與古文分爲二種，且科斗文列於第四，不尊爲最初發明之書也。又唐韋續著五十六種書法，謂：伏羲作龍書，神農作八穗書，蒼頡作篆書，少昊作鸞鳳書，顓頊作科斗書，帝嚳作仙人形書，帝堯作龜書，夏后氏作鐘鼎書，務光作倒薤書。是又謂科斗文作於顓頊，而蒼頡所作者則爲篆書也。然則古代最先發明之字體，果爲科斗文耶？抑非科斗文耶？今試就王、韋二說批評之。凡最初發明之字體，必爲象形，此不獨中國爲然，觀埃及、迦勒底古代之字，亦皆如是；而科斗文之得名，實由象形而來，既屬象形，必非後起之字。乃王氏謂最初自有古文，而以象形篆列之第三位，科斗篆列之第四位，揆以文字進化之公例，實相剌謬。故文字志之說，不足採也。至韋續謂蒼頡所作者爲篆書，使其所謂篆書者，指晉書所謂『科斗鳥篆』而言也，則庸或可通；若指周、秦時所用之篆書，則繩以字學進化之次序，又不足置信矣。蓋最初之文字，既屬象形，而科斗之文，即屬象形之體，至於篆書，則其象形之意寖微矣。而顓頊生於蒼頡之後，謂象形之科斗文，爲顓頊所發

明，而由象形遞變之篆書，乃爲蒼頡所發明，非先後倒置耶？故韋氏之說，亦不足採也。故吾以爲蒼頡造字之說，誠屬可信，則其最初所制之字，必爲象形之體；（此外雖有指事、形聲、會意、轉注、假借、等體，然皆後起之字，若蒼頡最初所造之字，則僅象形之體也。）晉書所謂「蒼頡旣生書契，是爲科斗鳥篆」者，其信足爲據矣。

由上觀之，中國最初之字體，爲一種象形之科斗文，殆無疑義矣。然而世界萬事，日在進化之中，文字之爲物，亦不能不循此法則，而隨時勢而變遷；其遞變而成爲現行之字體，中間蓋已經過若干階級焉。以形體論，則古文之後，有大篆、小篆、隸書、八分、楷書、行書、草書各體。以時期論，則古文爲一時代，篆書爲一時代，隸書爲一時代，楷書爲一時代，此其正統之世系也。而正統之外，尚有偏統（如八分、行草等是，）其時期則不必與正統同。今且以次論列之。

第六章　古文時代

自蒼頡造字以後，至史籀（周宣王時人）作篆以前，在此期間之字體，學者字之曰：『古文，』故若以大篆之作，爲字體嬗代之一階級，則自黃帝以至於周宣王，可稱爲『古文時代。』雖然，博稽載籍，古文流行於世之勢力，決非至史籀時而遂斬也。蓋大篆之興，固爲文字開一新生面，然古文之勢力依然存在；東周以降，下逮戰國，官書及載籍，尙用古文，籀篆未能取而代之焉。故周宣以後，嬴秦以前，仍可稱爲古文時代。請舉其例，以爲左證：

（一）證之於六經左傳　漢景帝時，魯恭王鑿孔氏之壁，得禮記、尙書、論語、孝經等書，其字皆古文也。故漢書藝文志云：『史籀篇者，周時史官教學童書也，與孔氏壁中古文異體。』此爲壁經屬古文之確證。不獨壁經已也，說文自敍云：『及孔子書六經，左丘明述春秋傳，皆以古文。』觀說文所言，則壁經以外之經書，乃至左傳，其字體皆屬古文矣。說文之外，尙有可證者，則北平侯張蒼獻春秋左

氏傳，河間獻王集經傳說記，皆屬古文，具見往籍。夫漢初所搜集之經與傳，既皆屬古文，則嬴秦以前，古文仍流行於世，於此可見矣。

（二）證之於汲冢竹書　晉太康二年，汲郡人不準盜發魏安釐王冢，得竹簡書七十五卷，世謂之『汲冢竹書』。其目如左：

周易上下經二卷，

紀年十二卷，

瑣語十一卷，

周王游行五卷，

易繇陰陽卦二篇，

卦下易經一篇，

公孫段二篇，

國語三篇，

名三篇，

師春一篇，

梁丘藏一篇，

繳書二篇，

生封一篇，

大曆二篇，

圖詩一篇，

雜書十九篇。（以上據王隱晉書及唐太宗之晉書束晳傳。）

以上六十八卷皆標有書名，其餘七卷因斷簡碎雜，不能標名。

此七十五卷竹書皆科斗古文也。而爲魏安釐王殉葬之物，則安釐王時，書籍通用古文，從可知矣。

(三)證之於楚王冢書　蕭齊之時，襄陽有盜發古塚者，相傳是楚王塚，大獲寶物、玉屐、玉屏風、

竹簡書、青絲綸。盜以把火自照。後人有得十餘簡，以示王僧虔；僧虔云，是科斗書考工記也。（見南齊書文惠太子傳。）夫科斗之書，卽屬古文。此以古文殉葬之楚王，雖不知爲何時代之王，然不在戰國則在春秋，似可無疑。由是觀之，春秋、戰國間，其尙用古文，又添一證據矣。

（四）證之於諸子百家之書　諸子百家之書，自漢以後，改書今文。其初屬何字體，今固未能詳知，然稽其內容原始必爲古文，今猶有蛛絲馬跡之可尋；以改書今文之後，其中猶雜有古文之字，與由古文誤書之字也。試引證如左：

（甲）國語：

叟作叜。

退作𨓈。

和作龢。

流作⿰氵不。

農作䢉。

侵作㑴。

尾作屗。（晉語二。）

薦作蘮。（晉語三。）

弃作𢍏。（晉語六。）

伺作司。（吳語。）

（乙）墨子：

遷作𢸣。（耕柱篇，見太平御覽所引。）

殺作𢽟。（魯問篇，今本作𢽟。太平御覽引作殺。說文謂𢽟爲古文殺字。）

（丙）列子：

黣。（黃帝篇，此字不見於他書，或謂當係黴字。）

蔄。（穆王篇註云：『蔄，古驊字。』）

灓。（穆王篇，註云：『灤古犧字。』）

离𠫑。（穆王篇註云：「离𠫑音泰丙。」）

（丁）管子：

采。（五輔篇「彫琢采。」王念孫云：「采，平誤。」）

⿱罙灬。（侈靡篇「深⿱罙灬之勿涸。」字彙補，「⿱罙灬，探也。」）

⿰黑皇。（侈靡篇「⿰黑皇其時。」尹註「⿰黑皇，黯也。」此字不見他書。）

⿰月賣。（五行篇「毛胎者不⿰月賣。」集韻云：「殰，古作⿰月賣。」）

⿰月罷。（五行篇「⿰月罷婦不銷棄。」玉篇廣韻集韻皆謂古文孕字。）

⿰言屰。（七臣七主篇「不⿰言屰則國失勢。」說文云「⿰言屰，逆也。」段玉裁註：「悟，⿰言屰之或體也。」）

⿱非車。（地員篇「藥下於⿱非車。」尹註：「⿱非車即轡也。」）

埊。（山權數篇「天毀埊凶。」玉篇：「埊，古地字。」）

以上各字，或為古文之遺跡，或由古文誤寫而來，既雜有此等字體，則諸子之書，厥初必為古文，可以想見。而古文至春秋、戰國間，依然盛行，此亦一證也。

由上觀之，則秦以前字體，仍以古文爲正宗，殆可無疑。然後儒對此問題，尙有異說存焉。其說謂漢書藝文志、說文等之『古文』乃對漢後之『今文』而言，非對『籀文』而言也。卽周末之古文，實包含籀文在內，並非離而爲二也。主張此說者，不一其人，淸儒段玉裁持之最力。段氏於說文自敘所云：『孔子書六經，左丘明述春秋傳，皆以古文。』數語，謂此古文二字，實兼大篆言之。不知說文於此數語之上，尙有『及宣王太史籀箸大篆十五篇，與古文或同或異。』兩語，旣云異矣，何得謂兼。此段氏之誤解一也。又說文自敘之末有『皆不合孔氏古文，謬於史籀。』等語，古文與史籀，旣列擧而言，可知其原爲二物；若云混而合之，說文此段，直不可通。此段氏之誤解二也。推原『古文兼大篆說』之由來，則以尙書孔序，對於魯恭王鑿壁所得之書，有『悉以書還孔氏，科斗書廢已久，時人無知者。』等語，後人因此數言，遂疑漢初已無解古文者；爰謂藝文志、說文之所謂古文，必合籀文言之。古文兼大篆說之發生，實基於是。姑無論孔序之自身，學者多疑爲僞作，不足爲據也；今姑置孔序之眞僞不問，然謂漢初已無解古文者，稽諸載籍，實有以明其不然也。今引證如左：

（一）漢書藝文志云：『漢興，蕭何草律，亦著其法曰：「太史試學童能諷書九千字以上，乃得爲

史，又以六體試之。」』所謂六體，卽古文、奇字、篆書、隸書、繆篆、蟲書是也。漢初旣以此試士，謂當時已無知古文者，未免抹殺事實。此茲說之不足置信者一也。

（二）史記自序云：『年十歲則誦古文。』此古文二字，索隱解爲古文尚書，淸儒閻若璩解爲兼有古文字及古文章之意。姑無論其含義是否如是之廣，而不能脫離『古文字』之一義，則殆可無疑。況史記自序之末又云：『秦撥去古文，焚滅詩書，故明堂石室金匱玉版圖籍散亂。於是漢興，蕭何次律令，韓信申軍令，張蒼爲章程，叔孫通定禮儀，則文學彬彬稍進，詩書往往間出矣。自曹參薦蓋公，言黃老，而賈生、晁錯明申、商，公孫弘以儒顯，百年之間，天下遺文古事靡不畢集太史公。』據此段文義觀之，則古文二字確指古字體而言；以秦欲以小篆統一天下，乃撥去古文，使古文而解爲古之文章，則不必與詩書等項並列也。古文旣係指古字而言，而史遷自言十歲之時，卽誦古文，則謂漢初已無知者，理不可通。況孔安國與史遷同時，尤不應有此矛盾之語。此茲說之不足置信者二也。

（三）漢書景十三王傳稱：『河間獻王德修學好古，實事求是，從民得善書，必爲『好寫』與之，留其眞（師古云留其正本），加金帛賜以招之。繇是四方道術之人不遠千里，或有先祖舊書，多奉

以奏獻王者，故得書多與漢朝等。是時淮南王安亦好書，所招致率多浮辯。獻王所得書皆古文，先秦舊書周官、尙書、禮記、孟子、老子之屬皆經傳說記七十子之徒所論。其學舉六藝、立毛氏詩、左氏春秋博士、修禮樂被服儒術造次必於儒者，山東諸儒者從而游。』由是觀之，獻王所得之書，既皆屬古文，而其學復舉六藝，又立博士以專治之，一時儒者，且從之游；使其對於古文，當時已無知者，則河間之所學何事？其博士之所治者又何事？而山東諸儒之從之游，又所爲何事耶？此茲說之不足置信者三也。

由上觀之，漢初旣非不解古文，而其時所謂古文，又不含大篆在內，然則古文在文字史上所占領之時間，從可知矣。綜合諸證，得一結論，卽：自蒼頡造字以後，至史籀作篆以前，是爲『古文獨占時代』又自史籀作篆以後，至秦末統一以前，則爲『古文作大宗時代。』

於此又有一義應伸明者，所謂古文獨占時代，非謂蒼頡以後，史籀以前，其間絕無新字之產生也。韋續稱少昊作鸞鳳書，帝嚳作仙人形書，帝堯作龜書，夏后氏作鐘鼎書，務光作倒薤書，其言雖不必盡確；然於某一限度，亦有相當可信之價値。蓋社會進步，人事日繁，蒼頡初創之字，斷不足以周世

用，其後隨人智之啓發，新創之字，繼續產生，此爲社會進化當然之結果。且蒼頡所創之字，亦非一成不變，其後出入損益，當無時無之，惟大體無大變化，仍屬同一之系統；故蒼頡以後，史籀以前可以名曰『古文獨占時代。』特其獨占之眞諦，範圍實止於此，學者不可不知也。

第七章　篆書時代

篆書在文字史上之期間，約可分爲二時代，一曰『大篆時代，』一曰『小篆時代。』今先就大篆時代論之。大篆作於史籀，然至東周之末，官書載籍，仍用古文則大篆在字學上似不占重要之地位；然稽諸實際其在社會上實占有相當之勢力也。蓋人智進步，樂簡厭繁，此爲自然之趨勢。大篆之體，去象形之義漸遠，卽較古文爲易書，其便於實用，當不無一日之長。譬之楷書時代，尚有行書、草書，其在官書載籍，固至今仍用楷書，然社會每日所書之字，仍以行草爲較多，故欲比較行草與楷書之勢力，當參觀社會日用之文字，不能單以官書載籍爲根據也。『古』『籀』兩體之關係，則亦猶然。大篆既興之後，官書載籍，固尙屬古文之勢力範圍；然社會日用之字，則逐漸改書大篆，人性趨便，勢有必然。又不獨日用之字已也，卽在載籍，於某一範圍，亦漸爲大篆所侵入焉。今說文所載籀文，共二百十餘字，然有一部分已嘗見於經書及子書，今摘錄若干，亦可見其侵入載籍之勢力矣。

雱（詩衛風北風。）

歗（詩王風中谷有蓷。）

[illegible]（詩大雅篇一本）

𪊨（詩召南野有死麕，又禮內則。）

災（易復卦。）

[illegible]（周官大宗伯。）

[illegible]（周官大宗伯。）

遨（管子侈靡篇，呂氏春秋辨士。）

寓（荀子賦篇。）

[illegible]（楚辭九歎。）

此十字皆創始於籀文，然在經書子書，已現其面影，可知古文之勢力範圍，已有一部分爲籀文所衝破矣。蓋大篆比之古文，作書較便，兩者並行之結果，雖以宗尚古文之載籍，必漸有籀文之混入，

此勢所必至，無能免者。猶之今日之載籍，固宗尙楷書，然不免有行草之混入，草書猶或較少，而行書則不可勝數焉。知行草在今日之勢力，卽可知大篆在『古文稱大宗時代』之勢力也。故欲爲古籀兩體，書淸分野，則自周宣以後，至秦未統一以前，在官書載籍方面，固仍屬古文主盟時代，而在社會日用方面，則可稱爲『大篆稱雄時代。』

大篆稱雄於日用之文字，而在官書載籍，仍處於附庸地位，而屈服於古文之下，此由其時社會有尊古之習慣，故後起者不能遽奪前輩之席也。雖然，大篆比於古文，勢力固稍遜，然下視小篆，則又足以自豪。蓋自籀文之興，迄於李斯作小篆，其間五百三十餘年。此五百三十餘年稱雄於日常楮墨間之大篆，比之古文，其獨占時代有二千九百餘年（自黃帝至周宣王，）其主盟時代，尙有五百餘年，籀文之壽命，誠見其短；然以方諸小篆，其壽命只有數十年，則又若彭殤之比矣。故從雙方之歷史觀察之，則覺字體之壽命，有愈趨愈下之險象，而由社會之進化觀察之，則又覺學術之發明，有愈近愈速之趨勢。此兩種矛盾之現象，亦研究字學上一有興味之事也。考小篆之作，蓋在始皇之世。中國之政治習慣；每一代之興，必更新制作，以示異於前朝；始皇命李斯等作小篆，其目的蓋欲一新天下

之耳目而統一文字之意，亦寓其中焉。然小篆之成爲官書不過二十餘年；漢定鼎以後，已宗尙隸書，小篆只成爲文字之一別體，不復占勢力於社會。所以然者，小篆對於大篆，不過小有損益，不能稱爲一種新發明；故隸書一興，即歸廢棄。今試舉小篆對於大篆之異同，亦可見其在文字史上之位置矣。

	上	下	左	右	日	月	山	水	鹿	馬	魚	鳥
(大篆)												
(小篆)												

小篆與大篆，大體上無大變革，故可歸之同一系統；而小篆之稱尊只在秦漢之交，故自李斯等省改大篆之後，至漢尙『今文』以前，可稱爲小篆時代。

篆書與古文隸書並行，無獨占之時代，誠屬篆書之遜色。雖然，彼於美術的印章方面，別有其特殊之位置在焉，而其勢力今且方興未艾也。考印章之字，自春秋、戰國以逮秦、漢，皆刻篆文。六朝以降，競尙纖巧，古意漸失，迨於元代，金石學微，六文八體，世少知者。明之官印，刻九疊文，淸初因之。乾隆十四年，更改刻法，惟一品官印尙用九疊文，其他官印皆刻小篆。乾嘉以降，金石之學勃興，名流輩出，競

倡篆刻，印文用篆，遂流傳至今。綜而論之，中國印文，始於篆字，六朝以降，爲篆學式微時代，清乾嘉以降，又爲篆學復興時代。今士大夫之圖章，少有不用篆刻者。若官廳之官印，更無論矣。夫論篆文之勢力，在官書載籍方面，自漢以降，卽已墜地。而在印章方面，今正爲其當陽時代。凡用篆字之國，皆同此風尙焉。此誠篆文之特色，他種書體莫能與爭者也。

第八章　隸書時代

『隸書』有『秦隸』『漢隸』之分，故『隸書時代』可分爲『秦隸時代』『漢隸時代』。今先就秦隸論之，秦併六國，爲統一文字計，既變大篆爲小篆；然社會進步，人事日繁，以篆書之繁難，不足以利民用也，於是有『隸書』之作。說文自敍云：『秦燒滅經書，滌除舊典，大發隸卒，興役官獄職務繁，初有隸書，以趣約易。』由是觀之，隸書之能繼小篆而興，以其約易耳。考隸書之體，創自程邈，邈下杜人，爲衙獄吏，得罪幽繫雲陽，增減大篆體，去其繁複，始皇善之，出爲御史，字其體曰『隸書』。所爲以隸名者，以其始只行於隸人間，後普及於社會耳。蓋在上世，社會分階級，故文字亦分階級。昔之埃及，官家文告用『聖花文字』之楷書，僧侶之間別用一種行書，平民之間又別用一種草書。國民之身分，其階級有三，文字之形體，其階級亦有三，以是知古代『階級思想』入人之深也。惟秦代亦然。當時政學之間，通用篆書，徒隸之間，通用隸書。制作之始，本截然不相蒙，然而避難趨易，好逸惡

勞，乃人類之通性。隸書與篆書並行，則隸書必投時好，篆書必歸淘汰。亦猶政治然，貴族政治，終必敗於平民政治也。秦末，隸既流行。漢興，仍尙隸體，然較之秦代則有不同。秦初創隸，只求利便，無點畫俯仰之勢。漢之隸書，雖仍秦體，然漸有美術之作用；微特結搆饒有姿勢，而形體亦小有出入。故婁機撰漢隸字源，王念孫撰漢隸拾遺，標舉漢隸以別於秦隸。蓋秦隸比之小篆，爲由繁而趨簡，而漢隸比之秦隸，則爲由朴而趨文也。然秦隸之當陽時代，只在秦之末葉，其期間甚短。若漢隸之壽命，則自西漢初年，至東漢末年，皆爲其全盛時代也。然而文字之形體，由繁趨簡，爲進化之定律。漢隸比之秦隸，點畫雖未嘗較繁，而講求結搆，俯仰生姿，臨池作書，實較秦隸爲遲滯，繩以字學進化之律，實相背馳。爲順進化之大勢，於是又有新字體發生，卽『八分』是也。此體創於王次仲，次仲爲東漢章帝時人。漢末，此體盛行。蔡文姬曰：『臣父云：「割隸字八分取二分，割篆字點畫取八分，故名八分。」』又張懷瓘云：『本楷字八分取二分，故名八分。』懷瓘之所謂楷，卽當時之隸書也。八分固較隸書爲簡便，然實隸書之一別體，故論書法者，皆以之列於隸書之後。欲明其系統，則隸書可比大國，而八分則爲附庸。此八分與隸書之分野也。

第九章 楷書時代

楷書萌芽於漢末及魏之興，鍾繇最工此體，爲楷書初期之名家。東晉而還，王羲之崛起，集諸哲之大成，造詣精到，可謂前無古人後無來者矣。鍾王字體，昔人名之曰『今隸，』而名秦漢之隸書爲古隸，實則所謂今隸，卽今之楷書也。楷書以前文字之使命在於紀載事物，表示思想，雖亦帶有美術之性質，然其價値甚微；及楷書之興，其美術上之職務，驟臻於重要之地位，故書與畫並稱，社會崇拜書家，比崇拜畫家，其範圍較廣。自唐太宗酷嗜右軍書法，士大夫成爲風尙，珍若拱璧。唐宋以降，書法在美術上之價値，只有遞增，未曾遞減。下逮清代，天子臨軒試士，至以書法之工拙爲取舍之標準，書之價値，可謂臻於絕頂矣。楷書在美術方面，因占有此種優越之地位，故自後漢至今，一千八百年間，楷書之字體，一脈相承，未曾變動；而其爲文字之正統，今固方興未艾，尙在當陽時代焉。故比較文字各體之壽命，除古文時代，因社會進化遲滯，其壽命較長外，其餘如籀文、小篆、隸書等，壽命或則數十

年，或則數百年比之楷書，均有遜色。夫社會進步之速率古遜於今，則字體之變化，愈近代宜愈急激；然而楷書比之篆隸等乃成一反比例。此其故何也？以楷書既成爲一種優雅之美術，士大夫於作爲學問之工具外，又以審美之心歡迎之，不願煮鶴焚琴，摧殘此種之美術，故其運命得以延長。雖晚近有注音字母之發明，然只處於補助之地位，對於楷書，未能取而代之焉。夫補助楷書者，豈獨注音字母而已；若行草兩體，固行之千有餘年矣，何況注音字母，尚未通用於社會乎？故自後漢至今，可稱爲『楷書時代』。

以上所舉，皆正統之文字，其處於偏統之地位者，尚有若干種焉。漢隸之末，產生八分，前既言之。八分之外，尚有『飛白』一體，創自蔡邕。皆矯隸書之繁重，以便於應用者也。然八分、飛白，其壽命不長，於文字史上，原無重大之影響。其雖處偏統之地位，而於社會上歷史上，植有廣大之勢力者，則『行』、『草』兩體是也。『草書』之起源，遠在楷書之前，今世通行之草體，創自漢元帝時人史游。游作急就篇，爲世所稱。其後杜操善此體，章帝愛之，令上表亦作草書，因謂之『章草』。惟說文自敘稱：『漢興有艸書。』趙壹則謂其起秦之末，似秦漢之交已有此體。然秦末漢初之草書，其形體何如，發明者

爲何人，今無可考。所可稽者，仍爲史游以後之草體，若東漢張芝之書法，置之近代草書中，幾難辨別。故論草書之起源，仍以作自史游之說爲信而有徵焉。『行書』之體，創自後漢劉德昇；蓋眞書失之拘，草書失之放，行書介於兩者之間，不眞不草，書者易書，閱者易閱，世稱便焉。魏初胡瞻、鍾繇，並師其法。胡肥鍾瘦，各有劉氏之美。然德昇筆跡，今已失傳；惟繇之行書，西爪東鱗，散見各帖，其書法尚可爲今世之模範。故溯行書開山之鼻祖，固必遠推德昇，而繇實爲初期第一之名家，此則書家之公論也。所最奇者，行草兩體自發明至今，歷代相承，無大變革，殆與楷書相同。而比較其壽命，以已往論，行固與楷相伯仲，而草則馬齒加長焉；若以將來論，恐楷書亦必早衰老，而起而代執牛耳者，則行草也。謂余不信，可觀日本。日本書法，有楷、行、草三體，與中國同，從前官書，率用楷法，迨於晚近，官廳公文，准用行草，楷書之勢力，大殺減焉。中國之將來，恐亦必同此趨勢。特文字之根本上，未發生大變革以前，楷書較之行草，只有勢力縮小，由大國變爲附庸而已，尙不至全爲所撲滅；而行草之由偏統而變爲正統，將來固有希望耳。

第十章　將來之趨勢

中國文字，自蒼頡草創，以至於今，雖幾經蛻變，然大體上皆屬衍形之系統，比諸衍音之歐文，學習之費力需時，奚啻倍蓰。今者中外交通，相形之下，難易懸殊，於是遂發生一問題焉：卽中國今後能否長保存此種文字是也。在留心國故者，以中國文字別有優點，不願其斵喪，故大唱保存國粹之論。其所持之理由，則謂國文不特饒有美術上之趣味，可以陶情養性，且因其衍形之故，亦便於統一國民之精神。例如各省方言，萬有不齊，而國文因屬衍形系統，絕不受其影響，故對面不能解語者，一筆之書，則可相喻於無言。若歐文則異，是彼因屬衍音系統，語言既異，則文字亦殊。如歐洲各國，其字母本相同，然因語言之異，於是英、俄、德、法等國，遂各別有其文字。我國因言文分離，發音雖歧，不足以破文字之統一，故數千年來，此泱泱大國，能團結而不崩潰，蓋此種衍形之文字，與有力焉。此維持派所主張之理由也。雖然，此種主張，欲以之排斥歐文，擁護國文，尙嫌其理由之薄弱。夫謂國文帶有美術

性，故宜保存，不知無論何國文字，苟深造之，皆感有美術上之興味；此只視其學養何如，若字體之衍形衍聲，則牛羊何擇焉。至於歐洲不能統一，及分爲若干種文字，此中原因極爲複雜，不能歸咎於衍音之文。若謂其不便於維持文字之統一，則英、美兩國，其領土之廣漠，與我國殆相伯仲，彼於其文字之系統，國民之精神，何以能統而一之？況英之與美，遠隔重洋，而兩國乃同用一種之文字乎？故以能否統一，爲衍形、衍音兩種文字之功罪，其說亦不健全也。維持派之理由，既覺薄弱，而在此革新潮流中，改造文字之運動，遂後先繼起，語其派別，又可分爲兩系：一爲『歐化之改造』，一爲『日本化之改造』。其在歐化派，主張改用『羅馬字』，以拚切國語，使能見諸事實，則學童讀書，可以事半功倍。然此種革命，在目前慮不易行。其在日本，改用『羅馬字』之運動，垂數十年，至今仍徒託空言：且其小學教科書，漢字之數，比明治初年反見增加，亦可見此種改革之不易矣。且中國爲文明古國，數千年之歷史文化，皆寄諸現行衍形之文字；一旦從根本上推翻之，後之國民，除少數研究古文者外，對於往籍，皆不能讀，則國民之精神上，當發生重大之影響。其結果也，爲利爲害，贊成派與反對派，異說紛如，余未暇深爲研究，不敢輕言其得失；姑懸此說，以備商榷之資料可也。而在日本化派，則主張倣

日本之假名，創造一種『注音字母』注於現行文字之旁或其下，使國民讀書音義可以同時並解，而能發音者，即能綴寫其音之字；教育部所頒行之『注音字母，』即此類也。此種文字，其優點有二：第一，字母之數有限，既便於學習，而學得字母者，即能以其語言書成文字，由此可使言文之一致。第二，音由字母發生，觀各省所綴之字音，即可知各省之方言；既識其發音異同之所在，則去異從同，由此可蘄國音之統一。此二者乃注音字母之所長也。雖然，彼亦有其弱點在焉。蓋此種字母，只用爲現行文字之輔佐，至現行之衍形文字，仍不能廢去，則讀書困難之點，猶大半存在焉。雖比之從前，困難之程度不同，然其效力，亦等於日本之以假名注漢字已耳。唯之與阿，相去幾何？究不能謂爲最進步之改革也。此二種改造方法，前則尚待商榷，後則利益無多，於是近十年來，又有一最猛進之改造說出焉，即主張改用『世界語』是也。此種改革，不特舉現行之國文，全行推翻，即現行之國語，亦全行推翻，爲國民精神界別開一新生面；使此說能行，則今後語言文字之便利，不惟在國內爲然，即至對外，萬國大同，無言文之隔閡，此其效果，尤爲顯著。理想之世界，將由是而實現焉，此種改革，可謂愜心貴當也已矣。雖然，以現在論，在歐洲諸國，嫻世界語者，尚屬少數人，未有採之爲國文國語者。矧在吾

國，國言文之系統，與世界語絕無瓜葛，忽欲凌駕各國，猛着祖鞭，採之爲國文國語，此中之難點，實悉數之而不能終；故此種計畫，只可懸爲未來之理想，若在目前，殆無從求其實現也。

中國文字將來應如何變化，今未敢斷言，若已往變遷之迹，則固大略可覩矣。今以表揭之如下：

	上	下	左	右	日	月	山	水	鹿	馬	魚	鳥
古文	上	下	左	右	日	月	山	水	鹿	馬	魚	鳥
					日	月	山					
							山					
	上	下	左	右	日	月	山	水	鹿	馬	魚	鳥
篆書	上	下	左	右	日	月	山	水	鹿	馬	魚	鳥
						月						
	上	下	左	右	日	月	山	水	鹿	馬	魚	鳥
隸書	上	下	左	右	日	月	山	水	鹿	馬	魚	鳥

楷書	上	下	左	右	日	月	山	水	鹿	馬	魚	鳥
行書	上	下	左	右	日	月	山	水	鹿	馬	魚	鳥
草書	上	下	左	右	日	月	山	水	鹿	馬	魚	鳥

文字之幾經蛻變，不特中文有然；卽西文亦有然。今試稽其變遷之迹如下：

英國文字	A	E	P	R	S
古代拉丁文字					
古代希臘文字					
古代腓尼基文字					
古代埃及行書					
古代埃及楷書					

又不惟西文爲然也，即日本之假名五十音，亦由漢字蛻變而來。今試稽其蛻變之迹如下：

日本假名	所取漢字
ア	阿　左旁
イ	伊　左旁
ウ	宇　上半
エ	江　右旁
オ	於　左旁
カ	加　左旁
キ	起　左旁上半
ク	久　上半
ケ	竹　左旁

片假名	本字	取法
コ	古	下面大半
サ	薩	草頭
シ	之	草體
ス	須	右旁之足
セ	世	上面大半
ソ	曾	囟中兩點
タ	多	上半
チ	知	左旁大半
ツ	川	全部
テ	天	大半
ト	止	上半

ナ	奈	上兩畫
ニ	仁	右旁
ヌ	奴	右旁
ネ	禰	左旁
ノ	乃	一撥
ハ	半	上面
ヒ	比	一旁
フ	不	一半
ヘ	邊	下面
ホ	保	右旁下半
マ	柔	上面

ミ	美	中間三畫
ム	牟	頭部
メ	女	下半
モ	毛	減一畫
ヤ	也	大半
ユ	弓	上面兩畫
ヨ	與	上半右旁
ラ	良	上面兩畫
リ	利	右旁
ル	流	右旁下面兩畫
レ	礼	右旁

ロ	呂	一半
ワ	和	右旁之大半
井	井	全部
ヱ	惠	腰部兩畫
ヲ	乎	去兩點

日本假名，係取漢字之一部或其點畫減少者，蛻變而成。今我國之注音字母，亦師其法，借筆畫簡單之漢字，製成字母三十有九。今舉之如下：

聲母（二十四）	原字之舊音	原字之今音
ㄅ	布交切　幫母	ㄅㄠ
ㄆ	普木切　滂母	ㄆㄨ

ㄇ	莫狄切	明母	ㄇㄧ
ㄈ	府良切	非母	ㄈㄤ
ㄪ	無販切	微母	ㄨㄢ
ㄉ	都勞切	端母	ㄉㄠ
ㄊ	他骨切	透母	ㄊㄨ
ㄋ	奴亥切	泥母	ㄋㄞ
ㄌ	林直切	來母	ㄌㄧ
ㄍ	古外切	見母	ㄍㄨㄞ
ㄎ	苦浩切	溪母	ㄎㄠ
ㄫ	五忽切	疑母	ㄨ
ㄏ	呼旰切	曉母	ㄏㄢ

ㄐ	居尤切　見母	ㄐㄧㄡ
ㄑ	苦泫切　溪母	ㄑㄩㄢ
ㄫ	魚儉切　疑母	ㄧㄢ
ㄒ	胡雅切　匣母	ㄒㄧㄚ
ㄓ	眞而切　照母	ㄓ
ㄔ	丑亦切　徹母	ㄔ
ㄕ	式之切　審母	ㄕ
ㄖ	人質切　日母	ㄖ
ㄗ	子結切　精母	ㄗㄧㄝ
ㄘ	親結切　清母	ㄘㄧ
ㄙ	相姿切　心母	ㄙ

韻母（十五）	原字之舊音	原字之今音
一	於悉切　質韻	一
ㄨ	疑古切　虞韻	ㄨ
ㄩ	丘魚切　魚韻	ㄑㄩ
ㄚ	於加切　麻韻	一ㄚ
ㄛ	虎何切　歌韻	ㄏㄛ
ㄝ	羊者切　馬韻	一ㄝ
ㄞ	胡改切　賄韻	ㄏㄞ
ㄟ	余支切　支韻	一
ㄠ	於堯切　蕭韻	一ㄠ
ㄡ	于救切　宥韻	一ㄡ

ㄢ	ㄣ	ㄤ	ㄑ	ㄦ
乎感切　感韻	於謹切　吻韻	烏光切　陽韻	古薨切　蒸韻	而鄰切　眞韻
ㄏㄢ	一ㄣ	ㄨㄤ	ㄍㄨㄥ	ㄖㄣ

一、ㄨ、ㄩ、之三韻母，亦兼作聲母用，而名爲介母，因此聲母共合二十七。

初製字母時，韻母只十有五，後以入聲質月陌職緝五韻中開口呼之字，與歌覺藥諸韻同，用ㄛ母注音，與普通讀音不同，因於ㄛ母上方中間加小圓點·作ㄜ專用以注質月諸韻中開口呼之字，因此韻母共有十六。

據研究注音字母者所云，國語有離開漢字而用字母拚音的可能性。雖然此不過一種未來之理想，現在解注音字母者尙稀，其用途並未普及；即使竭力提倡，充其量亦等於日本之以假名注漢

字已耳。欲全廢漢字，前途尙覺遼遠也。

要而論之，國文之將來，其變遷如何，今固未能逆料，而爲應學術之要求，必將由繁重而變爲簡易，或更進一步焉，由衍形之系統而變爲衍聲之系統，此則爲進化之定律所驅遣，將來恐終必出此途也。